Adelheid-Minerva Sfetcu

Le projet

Pour une vie digne de ce nom

Chapitres

Avant-Propos

Après un court exemple reflétant la situation de vie actuelle de nombreuses personnes, je présente un projet permettant de résoudre nos problèmes sociaux, politiques, économiques, écologiques et religieux actuels. Tout ce dont nous avons besoin pour réaliser ce projet et créer une société plus juste est la VOLONTÉ.

Le problème

Une jolie maison avec un jardin, une voiture
en bon état et un compte en banque qui
n'est jamais à découvert, voilà ce dont je
rêve. En tant que femme, mère et
travailleuse je ne pense pas que ce soit
trop demandé ou que ces rêves soient
exagérés. Malheureusement, je ne peux
pas réaliser tous mes rêves et je suis sûre
de ne jamais pouvoir les réaliser, car il y a
constamment des situations qui me
renvoient deux pas en arrière
financièrement. Ce n'est pas forcement
une question de mal gérer ses comptes,
c'est plutôt dû au fait d'avoir seulement un
certain montant de revenus. Mon mari et
moi sommes embauchés en CDI depuis de
nombreuses années, nous sommes de
simples salariés sans qualification. Nous
n'avons pas eu la chance de pouvoir faire
des études, pour différentes raisons.
Comme la plupart des gens, nous avons
le simple BAC entre nos mains et nous
faisons de notre mieux avec les moyens
que nous avons. Il nous arrive assez souvent
de devoir retourner un euro deux fois et
vérifier nos comptes pour ne pas avoir

d'ennui, comme beaucoup d'autres gens en France. Malheureusement, cela arrive et c'est une situation à laquelle nous nous sommes habituées. Il y a toujours des situations imprévisibles et chaque fois c'est très difficile de retrouver un équilibre financier, plus ou moins stable. J'ai l'impression que nous faisons deux pas en avant seulement pour en reculer d'un. Pour vous donner un exemple, mon employeur s'est trompé sur ma fiche de paie et j'ai reçu 300 € en moins, j'ai été obligé d'attendre la paye suivante pour être remboursé. Cette petite somme, nous a complètement perturbés alors que pour certains c'est un montant qu'ils payent au restaurant pour un dîner entre amis, par exemple.

Nous devons constamment nous priver de quelque chose pour pouvoir nous permettre une autre, malgré que nous contribuons notre part dans la société en travaillant à temps complet. C'est encore pire depuis que nous avons des enfants, car pour pouvoir leur faire un petit plaisir ou simplement permettre une activité périscolaire, nous sommes obligés de bien vérifier les comptes. Nous ne pouvons pas nous permettre des vacances

chaque année par exemple, contrairement
à certains qui ne travaillent pas et qui
reçoivent des aides gouvernementales. Là,
ma tolérance s'arrête et l'incompréhension
commence, car les personnes, comme
nous, qui travaillent et assument leurs
responsabilités envers la société n'ont
aucune aide de l'État parce qu'ils
dépassent les plafonds, mais des charges à
supporter qui font qu'il ne reste pas grand-
chose du salaire à la fin du mois. J'ai dans
mon

entourage des personnes qui malgré une
bonne santé ne travaillent pas et ne
contribuent donc pas à la société, mais
grâce à l'aide de l'État ont tout le confort
nécessaire, que des gens qui travaillent
tous les jours n'ont pas. La CAF leur
propose chaque année différents forfaits
de vacances, ainsi que tous les autres
avantages, tels que l'allocation de
logement (APL) et la prime de rentrée
scolaire, pour ne citer que quelques
exemples. Les soins médicaux sont
gratuits ou presque pour ceux qui
reçoivent le RSA. Alors, que des
personnes comme moi n'osent pas aller
chez le médecin de fois, car il faut
avancer 25 €. Si c'est tout ce qu'il nous

reste jusqu'au prochain salaire, nous réfléchissons deux fois avant d'y aller. Dans ces cas-là, nous préférons faire des courses pour 25 € et nourrir nos enfants. Il existe encore d'autres exemples comme celui-ci et j'ai même du mal à croire que de nos jours nous, nous devons poser des telles questions. Malheureusement, il y a des gens qui se trouvent dans des situations encore pires que cela. Des retraités qui ont travaillé leur vie entière, mais qui ne mangent pas à leurs faims.

Ce qui est inacceptable, à mon avis, est certains cas de chômeurs de longue durée.

Avec une allocation de chômage de seulement 200 à 300 € inférieurs à leur salaire et l'aide gouvernementale, ils ne voient pas la nécessité de changer quoi que ce soit et mènent une vie confortable sur le dos de ceux qui travaillent et qui payent des impôts. Bien entendu, il y a toujours des gens qui veulent profiter de ce système, mais je suis persuadé que la plupart d'entre eux aimeraient trouver un emploi. Le souci est qu'ils n'ont pas les qualifications nécessaires ou il n'y a pas d'emploi dans leur domaine ou dans leurs environs. Si nous n'avons pas eu la chance d'avoir des parents qui nous auront financés et poussés à faire de bonnes études pour avoir des diplômes, qui ont une certaine valeur aux yeux des recruteurs, on est foutu. On rentre dans un cercle duquel nous ressortons rarement. Nous enchaînons les emplois similaires avec une paye légèrement au-dessus du Smic, si nous avons la chance. C'est presque impossible de mettre assez d'argent de côté pour pouvoir acheter ou réparer une voiture, acheter une machine à laver, téléviseur, etc. alors les crédits s'enchaînent aussi. Nous travaillons pour survivre, mais pas pour vraiment vivre. C'est un cercle vicieux et une injustice qui ne devrait plus exister de nos jours. Si nous ne changeons pas ce système, la société ne pourra pas avancer, les injustices s'accumuleront et la dépression générale augmentera.

« Nous travaillons pour survire, nous ne travaillons pas pour avoir les moyens et la possibilité d'avoir une belle vie. Nous vivons pour travailler, tout court »

Les gens ont peur de perdre le peu qu'ils
ont et n'osent pas faire comprendre aux
politiciens que nous en avons assez de
toujours vivre avec un minimum. Je ne
comprends pas le fait que pour des lois et
des réformes qui nous mettent le couteau
à la gorge, seulement peu des gens se
mobilisent. Par contre, pour une victoire de
football des millions des gens sortent dans les
rues. Nous avons du mal à finir les mois,
nous ne pouvons pas offrir grand-chose à
nos enfants, mais pour des matchs de football,
tout le monde sort dans les rues et fait la fête.

Peut-être parce que personne ne peut
s'imaginer qu'il y a une solution qui est
réalisable et davantage pour tout le monde.

Ce qui est encore pire, c'est que j'ai remarqué
que la plupart des gens sont persuadés que
nous ne méritons pas mieux.
Voici un exemple des remarques que mon
entourage m'a faites après avoir entendu
l'idée pour ce projet.
Tous, sans exception ont dit, ce ne serait
pas juste de donner une rémunération de
base aussi élevée, comme la somme que
je propose aux gens, qui n'ont pas des
diplômes. Quand je leur ai demandé

pourquoi, ils m'ont tous répondu que ceux
qui ont de diplômes méritent leurs salaires
plus élevés, car ils ont étudié.

On n'ose pas le dire, mais on pourrait
penser que nous sommes des gens de
deuxième classe vu les différences des
salaires et forcements le mode de vie.
Attention, je n'ai absolument rien contre les
intellectuels, car nous avons besoin de
gens qui ont envie de rester assis sur des
bancs d'école.
Mais, il faut reconnaître que nous avons
aussi bien besoin des gens qui font le
travail manuel ou physique. Chacun doit
avoir la possibilité d'exercer le métier qui lui
convient et être rémunéré à un juste prix
pour pouvoir mener une vie confortable.
Il ne devrait pas avoir une si grande
différence entre ces deux catégories. J'ai
donc demandé à mes amis s'ils pensent
vraiment qu'une femme de ménage qui
nettoie, pendant 7 h et 5 jours par semaine les
w.c. dans un grand centre commercial
par exemple, ne mérite pas une
rémunération mieux que 9,88 €/h. Par
contre, quelqu'un qui a eu la chance de
pouvoir étudier ou au moins avoir plus
qu'une simple BAC dans la main, qui

finalement réussit à occuper un poste dans
un bureau, climatisé, bien chauffé en hiver,
qui n'a pas besoin d'habits de travail, car il
ne se salit pas, mérite à votre avis un
salaire beaucoup plus confortable que la
femme de ménage ? Bizarrement, mes
amis ont dû réfléchir avant de répondre et
n'ont pas vraiment su quoi dire à part : Eh
bien le monde est comme ça, qu'est-ce
que tu veux faire.

Cela fait des siècles que la société
fonctionne de cette façon. Ceux qui font un
travail intellectuel ont toujours été mieux
rémunérés et vus aux yeux de la société que
ceux, qui exercent un travail physique. Cette
histoire avec les diplômes est compliquée, car
j'ai l'impression que les gens les utilisent
comme barreaux. Ils donnent du respect
gratuit à ceux qui en ont plus qu'eux et ils n'
ont aucun pour ceux qui ont moins de
diplômes ou aucun. Je trouve que le respect se
mérite par les actes et dans aucun cas par des
diplômes qu'on a dans sa poche. Ce n'est pas
parce que j'ai quelqu'un en face de moi qui
occupe un poste de cadre ou supérieur que je
lui donne plus de respect que je donnerai à
une femme de chambre dans un hôtel. Je n'ai
aucun préjudice envers les gens et
malheureusement il y a trop peu de gens qui

agissent de cette manière. La plupart de gens
se permettent de juger trop facilement même
avant de se regarder dans la glace. Là il y a un
changement majeur de mentalité à faire chez
chacun d'entre nous. Sans ce changement de
mentalité, nous ne pouvons pas avancer vers
un avenir juste et sans problèmes et jalousie
entre les classes sociales.

Puisque cela fait déjà trop longtemps que
cette
injustice dure, je dirais donc qu'il est grand
temps de changer la façon dont notre
société est organisée. Tout simplement
pour un avenir meilleur et une organisation
sociale juste. En discutant avec mon père, il
m'a expliqué qu'il y aurait une solution à
nos problèmes : un revenu de base
inconditionnel pour tous ceux qui travaillent
et contribuent à la société. En ce qui
concerne la présentation de ce projet : Je
ne vais pas appeler cela un revenu de base
inconditionnel, mais un revenu de base
juste, je laisse tomber l'inconditionnel, car il
y a une seule condition: ce revenu est réservé
à tous ceux qui travaillent.
Par contre, les gens qui veulent travailler
devraient

bien sûr aussi avoir la possibilité de trouver
un emploi
facilement.

Chaque employé devrait recevoir une
rémunération de base juste et digne, peu
importe ses qualifications ou le poste qu'il
occupe.

*« Tout simplement, parce que
chaque poste et chaque emploi à son
importance dans la société. »*

Pas tout le monde est capable de faire ou a
envie de faire n'importe quel boulot alors
autant respecter ceux qui se lèvent tout les
jours pour faire ce que nous ne voudrons pas
faire. Une autre chose est que j'ai déjà
entendu dire que ceux qui se plaignent de
leurs salaires ou de leur poste avaient qu'à
travailler mieux à l'école. Là, j'ai envie de
répondre qu'il faut s'imaginer un monde dans
lequel des ingénieurs nettoient des w.c., car
trop des gens diplômés, mais pas assez de
postes.

Le projet suivant est réalisable à 100 % et
avec le soutien et la détermination du peuple,
les politiciens n'auront plus d'excuse pour ne
pas le mettre en œuvre.
À par peut-être des
intérêts personnels et financiers, mais
comme tout le monde sait les politiciens
occupent des postes au sein du
gouvernement pour défendre nos intérêts,
pas vrais ? Il ne faut pas oublier ça!

Du coup, rien ne les empêcherait de mettre en
œuvre un projet qui serait davantage pour
le peuple, car tous les citoyens qui contribuent
à la société en travaillant 35 h par semaine
sont dignes d'une rémunération qui leur
permettrait de mener une vie digne
de ce nom.
Qui leur permet de payer les
factures chaque mois sans arriver en
découvert, se permettre des vacances
puisque nous avons des congés payés qui
sont censés nous permettre de récupérer.
S'acheter une voiture qui fonctionne
parfaitement sans se soucier de comment nous
allons faire pour la rembourser. Ce sont
seulement des exemples,
mais qui sont des choses que la plupart
des gens ne peuvent pas se permettre

facilement alors qu'ils travaillent.

« Ça devrait être une priorité pour un gouvernement honnête. »

Le projet

Diverses propositions ont été faites pour améliorer la situation de la société, comme l'abolition du capitalisme, par exemple. La question est ce qui vient ensuite, le communisme, ou pire ? Notre proposition est une nouvelle organisation sociale qui repose sur un revenu de base juste. L'introduction d'un revenu de base inconditionnel pour tous a été mentionnée par plusieurs experts. Certains modèles vont même jusqu'à demander ça dès la naissance. Le grand risque avec cette idée est que les enfants seraient conçus seulement pour recevoir plus de revenus. Toutes sortes de modèles ont été présentés, mais je ne veux pas vous ennuyer avec les modèles qui existent déjà, parce que tout se trouve facilement sur Internet.

La question est donc : la mise en œuvre de notre idée pourrait-elle vraiment résoudre nos problèmes actuels ? La réponse est oui, mais elle doit être appliquée correctement. Une application de ce projet mettrait fin à nos problèmes sociaux, politiques, économiques, écologiques et religieux. Bien entendu, pas du jour au lendemain, mais dans quelques années nous pourrions déjà voir une grande différence et la prochaine étape dans l'histoire de l'humanité sera assurée.

Notre proposition consiste en deux points et le capitalisme ne doit pas être supprimé et aucune taxe supplémentaire ne doit être payée.

Elle peut être mise en œuvre dans tous les pays du monde, quel que soit leur système de gouvernement et elle est non seulement davantage pour les citoyens, mais aussi pour l'environnement. Beaucoup y ont pensé, mais jusqu'à présent, personne n'a encore trouvé une solution qui est bien pensée et non seulement faisable, mais aussi réellement bénéfique à tous.

Pour parvenir à un ordre social juste, nous devons d'abord résoudre quelques problèmes qui affectent actuellement la société. Le chômage et la pollution sont deux d'entre eux. Ce sont deux exemples avec lesquels un début peut être fait et leurs solutions seraient la condition préalable pour résoudre à long terme d'autres problèmes sociaux.

Chômage

Le chômage est entre autres, mais surtout
dû au manque d'emplois pour tous ceux
qui veulent travailler et veulent apporter leur
contribution à la société. La plupart du
temps, il n'y a pas d'offre d'emploi dans
leur secteur ou ils ne possèdent pas les
qualifications et les compétences
nécessaires pour postuler pour d'autres
emplois sur le marché.
Pour éliminer le chômage complètement, il
y a deux options :

1 : Le travail qui existe doit être distribué à
ceux qui veulent travailler. C'est-à-dire
qu'au lieu de payer l'entretien des
machines et des robots, les entreprises
devraient redonner les postes aux gens. De
toute façon nous devons envisager que dans
un avenir très proche beaucoup de postes
serons occupés par des robots du coup on se
pose facilement a questions comment l'état
veut financer et assurer tous les chômeurs. Ils
ont déjà du mal à financer ceux d'aujourd'hui.
C'est pour cette raison que nous devons
sauver des emplois existants et trouver un
moyen pour créer d'autres.

2 : Le gouvernement d'un pays doit assurer ou créer un emploi pour chaque citoyen qui veut travailler et lui assurer en contrepartie un revenu de base juste.
L'État devrait être en capacité de proposer trois postes différents aux chômeurs dont ils doivent en choisir un.
Cela peut être totalement ou partiellement financer par un revenu de base. Pour éviter les injustices et permettre une amélioration significative, ce revenu devrait être bien au-dessus du salaire minimum et les prestations de base que l'État fournit à ceux qui ne veulent pas travailler et ne contribuent donc pas à la société. Les exceptions sont bien sûr tous ceux qui sont temporairement incapables de travailler (congé parental, maladie, etc.). En contrepartie d'un revenu de base, les salariés devraient travailler 35 heures par semaine. Par exemple, à partir de la situation actuelle, il faudra donner à toutes les personnes qui ont un emploi à temps plein une rémunération entre 1800 € et 2000 € nets par mois. Ce montant est seulement un exemple et doit être calculé et fixé par les experts du pays respectif, mais il devrait se trouver dans ses eaux là, en France.
Nous parlons des salariés qui travaillent à

temps plein, qui assument leurs responsabilités envers la société, qui contribuent, mais qui gagnent actuellement moins que ce montant net mensuel. Pour ceux qui gagnent déjà plus que ce revenu de base, rien ne changera, ils conserveront leurs revenus actuels ou seront augmenter pour respecter leurs expériences et l'ancienneté. Pour mettre en œuvre cette idée, il n'est pas nécessaire de réduire les salaires plus élevés, il s'agit seulement de rémunérer d'une manière juste ceux qui ne gagnent pas assez, mais qui contribuent leur part. Ce n'est qu'un petit pas du salaire garanti actuel comme le Smic (9,88/h en 2018) à un revenu de base plus élevé. N'importe quel expert de finance honnête peut le confirmer.

Pollution

Quelle est la pollution de l'environnement par l'homme ? La pollution dont nous parlons est la pollution de la nature par les échappements industriels, les voitures, la pollution des mers et de l'air faite par l'homme depuis l'industrialisation. Certains de ces problèmes
pourraient être résolus en créant de nouveaux emplois.
Mais avant tout, nous
devons clarifier une chose : nous devons faire une distinction claire entre la pollution et le changement climatique.
L'une n'a rien à voir avec l'autre, car la pollution est causée par l'homme et le réchauffement climatique est un processus naturel et imparable qui a débuté il y a environ 20 000 ans.

« Un mélange de ces deux termes rend ce problème insoluble. »

La protection de l'environnement étant associée à une activité rentable, elle a été jusqu'ici négligée. Il ne faut pas mélanger cela à un profit financier sinon les priorités ne sont pas les bonnes.

La mise en œuvre de cette idée libérerait une force de main-d'œuvre énorme. L'État pourrait lancer des programmes en créant les emplois nécessaires pour lutter efficacement contre la pollution. Par exemple, nettoyer les villes, ramassage et le traitement des ordures, remise en état les villes et les espaces verts, etc. Il y a des milliers de possibilités pour la création d'emploi sous contrôle de l'état.

Des instituts de recherche pourraient être créés pour explorer de nouvelles formes d'énergie afin d'inventer et créer la quantité d'énergies illimitée dont une société future a besoin. L'énergie verte dans laquelle nous investissons aujourd'hui n'est ni fiable ni suffisante pour les besoins de notre future civilisation.

Exécution

Un revenu de base juste entre 1800 € et 2000 € net par mois pour un temps complet de 35 h par semaine permettrait une bonne qualité de vie, non seulement aux salariés, mais aussi à leurs familles. Pour la réalisation de cette idée, il est nécessaire que le chef du gouvernement ou le régime respectif, selon la forme du régime du pays, rassemble les meilleurs esprits et des représentants du ministère des Finances, des organisations d'employeurs, les syndicats, la science, l'écologie, en autres termes, les représentants de toutes les organisations qui sont nécessaires pour un tel projet. Il doit les réunir à une table et leur demander de travailler sur un programme pour mettre en œuvre cette idée. Cette organisation sociale peut être appliquée dans n'importe quel pays, par n'importe quel gouvernement, en fonction des conditions économiques et financières prévalant dans le pays respectif. Il y a des pays comme la France ou Canada par exemple, qui pourrait appliquer ce système dès à présent. Mais il y a des pays, comme

l'Allemagne, qui devraient changer
certaines lois avant de pouvoir appliquer
un revenu de base. La raison principale
est les lois d'immigration. En France et
Canada, il existe des lois qui limitent une
immigration abusive, ce qui n'est pas le
cas pour des pays comme l'Allemagne par
exemple. Ce serait une catastrophe
économique si l'Allemagne appliquait un
tel revenu de base aujourd'hui. C'est
impossible vu les immigrants qu'ils
accueillent à ce jour. Par contre, un pays
comme la France qui est resté ferme, mais
raisonnable n'aurait aucune perte
financière en appliquant un revenu de
base plus élevé. N'importe quel expert de
finances honnête peut confirmer qu'une
telle décision peut être appliquée dès
aujourd'hui et sans perte.

Commençons par une expérience

Malgré la possibilité d'appliquer
une telle nouvelle organisation sociale dès
aujourd'hui nous savons que le
gouvernement mettra un bon moment
avant de faire tous les changements
nécessaires. Pour faire un premier pas, je
propose donc une expérience. Le début
peut être fait par des entreprises, des
grandes, des moyennes et des petites,
mais surtout celle dont l'existence est en
danger pour des raisons économiques et
qui veulent se prêter volontairement à cette
expérience. Elles pourraient commencer,
avec le soutien de l'état, à payer à tous les
salariés qui travaillent 35 h par semaine et
qui touchent le Smic actuellement, un
revenu de base juste. Le montant doit être
bien réfléchi, mais aussi bien au-dessus du
Smic actuel et surtout bien au-dessus du
revenu des gens, qui ne travaillent pas. Tout
est lié et dépend du pourcentage et donc le
montant des charges que les experts vont fixer
aux entreprises.
Vu les conditions économiques actuelles
en France, je propose que le montant du

net mensuel doit être entre 1800 € et
2000 €. Cela ferait la différence nécessaire et
permettra enfin une vie confortable et
digne de ce nom à tous ceux qui
contribuent à la société. Je suis persuadé
qu'il y a un grand nombre d'entreprises qui
préférerait tenter ce projet au lieu d'être
obligé de déplacer leurs entreprises à
l'étranger pour éviter de faire faillite en
France.
Le gouvernement doit aider ses
entreprises qui veulent appliquer ce projet
volontairement.

*« Il faut permettre aux entreprises de croître
et évoluer pour sécuriser les emplois déjà
existants et de pouvoir créer des nouveaux
emplois dans le futur. »*

Avec un revenu de
base juste, ce n'est plus l'employeur qui
verse le salaire, mais l'état.
Je vois deux possibilités : les experts qui ont
été choisis pour la mise en œuvre de ce projet
décident d'un taux de cotisations sociales
que l'entreprise doit verser à l'état et dont il
va s'en servir en partie pour payer aux

salariés le revenu de base. Dans ce montant que l'entreprise payera à l'État mensuellement, il y a déjà tous les charges sociales, impôts, etc. déduits et le salarié n'aura plus d'autre retenue sur son salaire ni le patron.

La deuxième possibilité est que tous les bénéfices d'une entreprise sont versés directement à l'état. L'organisme qui est responsable calcule les charges sociales de l'entreprise et des salariés et verse seulement le bénéfice net à l'entreprise et bien entendu les revenus des bases aux employés. N'importe laquelle de ces deux possibilités est appliquée, un système de contrôle est nécessaire et inévitable pour un bon fonctionnement de ce projet.

« Les entreprises doivent faire confiance à l'état et l'état doit être digne de confiance. »

Les avantages

Les avantages d'une telle réforme seraient
entre autres les suivants :
– Une meilleure qualité de vie pour tous les
employés et leurs familles. Les parents qui
travaillent à temps plein, mais ont
rarement assez d'argent pour finir le mois
peuvent enfin respirer.
- Grâce à un revenu de base juste de
nombreuses personnes ne seraient pas en
difficulté financière, comme c'est le cas
actuellement.
– C'est finalement une politique pour tous
les citoyens d'un pays et pas seulement
pour certains groupes de la société
comme c'est le cas actuellement.
–Les parents auront enfin l'occasion de
donner un exemple à leurs enfants, qui les
regarderont avec fierté.

–La migration économique serait évitée si
chaque pays introduisait cet ordre social. Si
chaque pays applique ce projet, bien
sûr conformément à ses conditions
économiques et financières, tous les
citoyens auront la sécurité financière et ne
seront pas obligés de quitter leur famille et

leurs enfants pour trouver du travail et de l'argent à l'étranger.

– Le pouvoir d'achat augmenterait et par conséquence l'économie. Il y a tellement d'avantages que c'est tout simplement impossible de tous les lister ici, il suffit de s'imaginer les suites d'une application de ce projet et d'en discuter avec d'autres gens. Le travail et l'échange
d'idées sur la réalisation de ce projet soulèveront inévitablement d'autres questions auxquelles il faudra trouver une réponse, réalisant ainsi un rapprochement constant du but et une amélioration de la qualité de la vie pour l'ensemble de la société.

« Peut-être même qu'un jour, le revenu de base juste pour un travail de 35 h par semaine sera inscrit dans la Déclaration des droits de l'homme. »

Pour mes enfants avant tout.

*Mille mercis à mon mari qui me supporte
chaque fois que j'ai des idées originales.*

*Mille mercis à mon père, car c'est ton idée de
génie et sans toi ce livre
n'aurait jamais vu le jour même si les gens ne
semblent pas être prêts encore.*

*Merci à ma famille, qui a toujours été là
pour moi, je vous aime.*

*Merci à mes amies qui sont des femmes
fortes et formidables, des héroïnes qui sont
imbattables, vous êtes les meilleures.*

*Je n'ai pas beaucoup d'espoir que l'humanité est
déjà prête pour un tel système, car trop
d'arrogance, trop d'égoïsme et trop de
corruption. Je peux seulement espérer que mes
enfants vivront dans un monde meilleur et si par
hasard ce livre a aidé à poser les premières
pierres pour la reconstruction d'une société
meilleure, j'ai réussi ma mission.*